10일 완성
한글 1획 필기체 쓰기

글쓴이 **권 호 석**

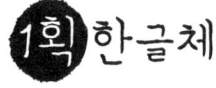
1획 한글체

본 저작물은 저작권법에 의하여 등록되었으므로 무단 전재나 복제 등을 금합니다.

일러두기

◎ 1획한글체 쓰기 유용성, 어떤 효과가 있습니까?

한글은 영어 인쇄체처럼 글자가 부드럽지 못하고 각이 많습니다.
이에 본 1획한글체는 한글 자음과 모음을 연결해서 빠르게 쓸 수 있도록 필기체 형상과 모양의 결합으로 구성하여 초성, 중성, 종성으로 되어 있는 한글의 음절을 종래의 서체와는 다르게 디지털 부호인, 0과 1을 적용하여 한글 자음과 모음의 직선과 직각 형태를 대패로 각목을 깍듯이, 깍아서 부드러운 곡선으로 된 연결형 자모로 쓸 수 있게 창안한 서체입니다.

앞으로 한글에 대한 잠재 수요까지 감안하여 가령 1억명이 한글을 사용한다면 그들이 1획한글체로 필기할 때, 기존 글씨체를 쓸 때보다 하루에 평균 1분을 절약할 수 있다고 한다면, 1억분이면 166만여 시간, 6만9천여 일, 즉 매일 약 190년에 해당하는 시간을 절약할 수 있는 1획한글체입니다,

더구나 우리자손대대로 시간을 절약할 수 있는 효과까지 감안하면 실로 어마어마한 시간을 절약하는, 가치있는 1획 한글체라고 할 수 있습니다.

국내 아동이나 학생, 일반인들은 물론, 특히 북미와 구라파지역에 사는, 필기체에 익숙한 외국인들도 친숙하게 여겨서 한글을 보다 쉽게 접하여 사용할 수 있도록 하여 한글의 우수성과 실용성, 유용성을 널리 알리고 지구촌 곳곳에서 사용되도록 하고자 자음과 모음, 각 글자 사이를 1획으로 구성한 것이 본 1획 한글체의 특징입니다.

그리고 속기사들이 쓰는 글씨체는 일반인이 알아볼 수 없는데 반하여 1획한글체는 누구나 이 책에 있는 "자음 · 모음 일람표"를 한, 두 번 보고 숙지하면 쉽게 알아볼 수 있습니다.

◎ 1획한글체쓰기는 평소 어떻게 적용할 수 있습니까?

교실이나 강의실, 회의실 등에서 노트와 수첩에 빠르게 필기하거나 길을 걷다가 불현듯 떠오르는 아이디어를 메모할 때 기존 글씨체와 병행하여 편하게 쓸 수 있습니다.
특히 쓰기에 번거로운 겹자음(ㅆ, ㅉ, ㅃ 등)과 받침자(ㄹㄱ, ㄴㅎ, ㅂㅅ 등)도 단 1번, 1획으로 쓸 수 있도록 했습니다. 글자들을 기존 필기 방식대로 한 획씩 또박또박 끊어서 쓰지 않고, 쭉 연이어서 쓰기 때문에 "숙달이 되면 시종 곡선으로 동그라미를 그리듯 손이 돌아가므로 컴퓨터 키보드로 글자를 입력하는 것보다 더 빠르게 쓸 수 있다."라고 학계 전문가들로부터 유용하고 실용적인 1획한글체라고 평가받고 있습니다.

머리말

지구촌 곳곳에서 한류로 인하여 수많은 외국인이 훈민정음, 한글을 배우려고 합니다.
이러한 한류열풍 현상은 각종 매스컴을 통해서 익히 알려져 있습니다. 유튜브에서도 "한글"이라는 검색어를 입력하면 한글의 과학성과 독창성, 우수성에 대해서 감탄하는 세계 각국의 젊은이들이 출연하는 동영상들을 볼 수 있습니다. 실로 유례가 없는 일입니다.

"모든 길은 로마로 통한다."라는 말이 있듯이 문자야말로 세상의 모든 길로 통하고 온갖 것을 담을 수 있는 그릇이라고 할 수 있습니다.
필자는 이 점에 착안하여 한글의 우수성과 시대적 조류를 반영해서 세계의 많은 사람이 더 쉽게 한글에 접근하여 편리하게 사용할 수 있게 하려고 연구를 수행해 왔습니다.
그 과정에서 훈민정음 해례본 서문에 있는 "새로 스물여덟자를 만드니 사람마다 쉽게 익혀 늘 씀에 편케하고자 함이라"라는 세종대왕의 숭고한 애민정신을 받들어 이 세상 어디에서도 누구나 쉽게 익혀서 쓸 수 있도록 한글 1획필기체를 고안하게 되었습니다.

그런데 일각에서는 손가락으로 키보드만 치면 글자가 되는 세상에 "웬 한글1획필기체가 필요한가?"라고 묻기도 합니다.
그런 질문을 받을 때마다 저는 인류가 존재하는 한, 두뇌와 연결된 손이 있기 때문에 생각이나 감정을 즉시 표현할 수 있는 그림이나 필기문화는 결코 사라지지 않을 것이라고 대답합니다.
왜냐하면 우리의 머릿속에는 온갖 생각들이 컴퓨터의 키보드처럼 정렬되어 있지않고 뒤엉켜 있기 때문입니다.

이처럼 밤하늘의 별만큼 수많은 생각을 어떻게 하면 잘 정리될까요?
마치 수타 자장면집 주방장이 밀가루 입자들을 물과 잘 반죽하여 몇 번이고 반복해서 두들기면 맛있는 면발을 뽑아낼 수 있듯이 글을 쓴다는 행위는 머릿속에 마구 뒤엉켜 있는 생각의 조각들을 종이 위에 쓰면서 생각의 줄기를 하나, 하나 만들어 면발을 뽑아내듯이 정리해 가는 과정이라고 할 수 있습니다.

글을 쓰는 전문가인, 작가들이 원고를 쓸 때도 초고가 완성되면 다시 1차 퇴고, 2차 퇴고 등 몇 차례 반복하면서 글을 다듬고, 표현을 정제하여 작품의 완성도를 높여가는 과정에서 가필과 정정이 필요합니다.

이 모든 과정을 컴퓨터 앞에 앉아서 자판만 두드린다고 해결되는 것이 아니라 수시로 노트와 메모, 각종 도표 등에 표시해 놓은 자료를 참고하면서 이루어지는 작업입니다.

일반인이나 직장인 또는 학생들이 계획을 세우거나 기획을 할 때 삼각형, 사각형, 원을 사용하여 표현하는 벤 다이어그램, 화살표 등으로 로드맵을 그리듯 도해를 합니다. 즉, 그림을 그려서 어떤 주안점이나 문제에 대한 전체적인 윤곽과 각각을 구성하는 부분까지의 관계를 밑그림으로 나타낼 때도 종이에 글을 써가면서 해야 사색이 더 깊어지고 기억에도 오래 남게 되어 결과적으로 의사전달을 하거나 발표를 할 때 핵심을 놓치지 않게 됩니다.

이러한 절차를 거쳐서 완성된 계획표나 기획안은 컴퓨터라는 유용한 도구를 이용하여 쓰임에 알맞게 출력할 수도 있습니다.
하지만 그렇게 출력하기 전까지는 먼저 손으로 필기하는 행위가 전제되어야 합니다.
아마도 그런 이유로 조정래, 김 훈 몇몇 작가 분들이 손으로 쓰는 육필원고를 고수하는 것 같습니다. 또한 세계적인 기업, GE를 성공적으로 경영했던 잭 웰치 회장, 소설 "개미"작가로 유명한 베르나르 베르베르 등 저명한 분들도 한결같이 손으로 쓰는 메모 습관의 중요성을 역설했던 것입니다.

지금도 우리 주위에서, TV에서 사회 지도층이나 젊은 CEO들이 수첩이나 다이어리를 휴대하고 다니면서 메모하는 모습을 볼 수 있습니다.
만일 손글씨가 필요없다면 수많은 필기구나 매년 각 기업체나 은행에서 나눠주는 다이어리도 사라질 것입니다.

메모 습관이 중요한 또 하나의 이유는 갑자기 어떤 문제의 해결책이나 영감이 떠올랐을 때, 즉시 그 생각을 포착하여 기록하고 더 나아가 사고의 확장을 꾀할 수 있기 때문입니다. 그 순간 메모를 하지 않으면 귀중한 발상이나 아이디어가 순식간에 사라질 수도 있습니다.
한 마디로 손으로 필기하거나 메모하는 습관은 성공한 사람들의 공통된 행동패턴이라고 할 수 있습니다.

지난 2012년 컬럼비아대학과 인디애나대학에서 실시했던 공동연구 결과 "글씨쓰기가 아동의 읽기 습득 능력에도 영향을 미친다. 손으로 하는 필기는 지속적으로 집중력을 요구하고 계산이 필요한 과정이기 때문에 사고능력도 발전한다. 필기를 많이 한 아이가 그렇지 않은 아이보다 개념에 대한 이해가 빠르고 독서력도 높으며 자신의 생각을 말이나 글로 더 잘 표현할 수 있는 이유이다."라고 발표했습니다.

　필기를 꺼리는 습관은 지식 습득 능력이나 집중력, 사고력 등 자칫 뇌기능저하를 불러 일으키는 잘못된 습관이 될 수 있다는 것입니다.
　왜냐하면 뇌기능의 작동원리를 설명하는 "감각-운동 호문쿨루스(Sensory-motor homunculus)"에 의하면 대뇌에서 손이 차지하는 영역이 가장 크기 때문입니다. 특히 손가락들은 전두엽, 후두엽, 두정엽, 측두엽 등 많은 영역과 연결 되어 있습니다.
　그만큼 손가락으로 움직이면서 필기하는 행위는 뇌의 전체적인 영역에 협응(co-ordination) 능력을 향상시키고 튼튼한 뇌신경회로를 형성해서 뇌기능을 활성화시키는 아주 좋은 방법입니다.

　그리고 제가 여기서 말하는 필기체는 초등학교에서 선생님이 칠판에 쓰신 글을 "노트에 필기한다."라고 할 때, 그렇게 또박또박 한 글자씩 쓰는 그런 필기체를 말하는 것이 아닙니다.
　말하자면 영어로 "러브", 즉 "Love"라는 단어를 필기체로 쓸 때, 각각의 문자들을 연결하여 1획으로 한 번에 쓰는 그런 필기체를 말하는 것입니다.

　그런데 "러브"라는 단어를 한글로 번역하여 "사랑"이라고 쓰려면 "사"가 4획, "랑"이 6획이 되어. 합하면 무려 10획이나 됩니다. 영어는 자음과 모음을 섞어서 일렬로 쓰기 때문에 1획 필기체가 가능하지만 한글은 초성, 중성, 종성 이라는 구조로 되어 있는 특성으로 인하여 그동안 또박또박 한 글자, 한 글자씩 써왔던 것입니다.

　이와같은 단점을 보완하기 위해서 제가 고안한 한글 1획필기체로 "사랑"이라는 단어를 쓰면 영어필기체처럼 "사랑"이라고 한번에 쓸 수 있습니다.
　처음 1획한글체를 볼 때, 글자체가 선으로 이어져서 생소하게 느낄 수 있습니다.
　그러나 목차에 나와있는 간편한 "한글1획필기체 자음, 모음 일람표"의 내용을 알고 있다면 글씨를 쉽게 알아볼 수 있습니다.

더구나 또박또박 한 글자씩 쓰는 일반 글씨보다 더욱 간결하게 쓰고 빠르게 쓸 수 있습니다.

마치 태권도 품새나 춤 스탭을 배울때 처음에는 한 동작, 한 동작 구분해서 배우다가 차츰 익숙해져서 연결된 동작들을 하게 되면 빠른 몸 짓을 할 수 있게 되는 것처럼 1획한글체를 계속 선으로 이어서 쓰면 한 획씩 끊어서 쓰는 일반 글씨보다 쉽게 쓰면서도 빠릅니다.

이러한 특징은 목차 뒷부분에 있는 "1획한글체 필법의 활용" 항목을 읽어보시면 이해할 것입니다. 다시 말해서 1획한글체 연이어 쓰기가 숙달되면 어느새 연결선이 없이 자연스럽게 쓸 수 있는 방법을 터득하게 됩니다.

특히 단어를 1획으로 쓰는 필기문화에 익숙한 미국이나 유럽 등 서구인이 한글을 쓰는데 많은 도움이 될 것입니다. 더욱이 이와 같은 한글 쓰기 방법은 영어처럼 낱개의 단어만을 필기체로 쓰는 것이 아니라 하나의 어구 전체, 말하자면 "중소벤처기업진흥공단에서는"이라는 어구를 "중소벤처기업진흥공단에서는" 이라고 한번에 연이어서 쓸 수 있는 장점과 숙달되면 쓰기가 더욱 빨라집니다.

부디 본 1획한글체쓰기 교본을 통하여 보다 많은 사람들이 1획한글체를 쉽게 익혀서, 능률적이고 유용한 한글 쓰기의 다양한 멋과 맛을 즐기는 계기가 되시기 바랍니다.

2022. 9.

한암 김호석 드림

목 차

일러두기

머리말

1획한글체 쓸 때 착안점 · · · · · · · · · · · · · 10

글씨 쓰는 자세와 펜잡는 방법 · · · · · · · · · 11

필기구 준비 · 12

1획한글체 쓰는 법 · · · · · · · · · · · · · · · · 12

10획도 · 13

1획한글체 자음과 모음 · · · · · · · · · · · · · 14

1획한글체 자음 · 모음 일람표 · · · · · · · · · 15

옛글자 · 19

자음 쓰기 · 20

모음 쓰기 · 25

자기 이름 한글 사인 만들기 · · · · · · · · · · · · · · 30

낱말 쓰기 · 31

큰 글씨 문장 쓰기 · · · · · · · · · · · · · · · · · · 44

작은 글씨 문장 쓰기 · · · · · · · · · · · · · · · · · 56

긴 글 쓰기 · 72

활용 예문 · 148

천부경 연이어서 써보기 · · · · · · · · · · · · · · 160

1획한글체 필법의 활용 · · · · · · · · · · · · · · 162

1획한글체 관련 수상 내용 및 추천서 · · · · · · · · · · 164

<1획한글체 쓸 때 착안점>

　일반적인 글씨를 쏠때는 한 번 쓴 획 위로 반복해서 쓰지 않는데, 1획한글체는 서예 글씨체처럼 먼저 썼던 획 위로 거슬러 올라가서 쓰기도 한다.

　이따금 하나의 획 위로 펜이 왕복하기도 한다. 차츰 1획한글체를 쓰다 보면 쉽게 적응 할 수 있다.

　요약하면 "1획한글체 표기 일람표"를 숙지하면 남들이 알아볼 수 있는 글을 쉽게, 빨리 쓸 수 있다는 것이 장점이다.

글씨 쓰는 자세와 펜을 잡는 방법은 일반적으로 쓰는 글씨쓰기와 대동소이하므로 인터넷이나 유튜브에서 검색하여 자신에게 적합하게 선택하면 될 것이다. 다만 1획한글체라는 특성상 손을 바닥에 바싹 밀착시키지 않고 "살짝 얹어 놓는다."라는 느낌으로 글을 쓰도록 한다.

<필기구 준비>

초등학생 : 연필, 샤프펜슬

중학생이상 : 수성펜, 붓펜, 볼펜 등

<1획한글체 쓰는 법>

다음 페이지에서 소개하는 10획도를 직접 노트나 방안지 등에 그리는 연습을 꾸준히 하면 1획 한글체를 쓸 때 자유자재로 쓸 수 있는 방법을 터득할 것이다.

즉 내려긋기, 옆으로 긋기, 대각선 긋기, "ㅇ"을 쓰기가 자연스러워질 것이다. 특히 글자를 쓸 때 한글의 초성, 중성, 종성에 균형을 맞추고, 문장과도 균형을 맞추어서 쓰도록 한다.

"한"이라는 글자의 "ㅎ"은 초성, "ㅏ"는 중성, "ㄴ"은 종성이다.

1획 한글체 쓰기 10획도

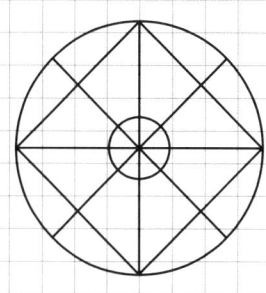

1)    2) 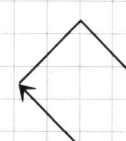   3) 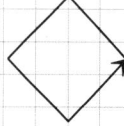   4)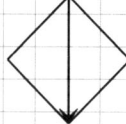

5) 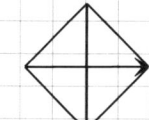   6) 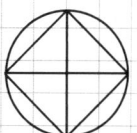   7)    8)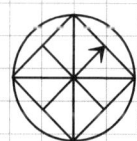

9) 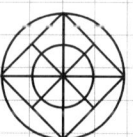   10)

이처럼 방안지에 10획도를 손으로 글씨 쓰듯이 꾸준히 연습하면 1획한글체를 쓰는데 많은 도움이 될 것이다.

<1획한글체 자음과 모음>

각 글자는 1획으로 한 번에 쓴다.

대문자는 초성, 중성, 종성과 각 글자 사이를 이어주는 원을 크게 그린다. 소문자는 상대적으로 작게 그린다. 쓰기순서는 각각의 글자 아래에 표기한 순서에 따른다.

특히 소문자 쓰기를 꾸준히 연습하여 숙달되면 일반적인 글씨와 거의 비슷하게 쓸 수 있으며 글씨 쓰는 속도는 더 빨라지는 효과가 있다.

왜냐하면 1획한글체는 일반글씨를 쓸 때처럼 또박또박 한 획씩 끊어서 쓰지 않고 연이어서 쓰기 때문이다.

1획한글체 자음·모음 표기 일람표

대문자	소문자	대문자	소문자
ㄱ)		ㄴ)	
ㄷ)		ㄹ)	
ㅁ)		ㅂ)	
ㅅ)		ㅇ)	
ㅈ)		ㅊ)	
ㅋ)		ㅌ)	
ㅍ)		ㅎ)	

대문자	소문자	대문자	소문자
ㄲ)		ㄸ)	
ㄱㄱㄲㄲ		ㄱㄷㄷㄸㄸ	
ㅃ)		ㅆ)	
ㅣㄴㄴㅂㅂㅂㅃ		ㅣㅅㅅㅆㅆ	
ㅉ)		ㄳ)	
ㄱㄱㄱㅈㅈㅉ		ㄱㄱㄱㄱㄳ ※ ㄱㄱㄱㄳ	
ㄵ)		ㄶ)	
ㅣㄴㄴㄴㄴㄵ		ㅣㄴㄴㄴㄶㄶㄶ	
ㄺ)		ㄻ)	
ㄱㄱㄹㄺ		ㄱㄱㄹㄹㄻ	
ㄼ)		ㅄ)	
ㄱㄱㄹㄹㄼㄼ		ㅣㄴㄴㅂㅂㅂㅄ ※ ㅂㅂㅄ	

1획한글체 모음

대문자	소문자	대문자	소문자
ㅏ)		ㅑ)	
ㅓ)		ㅕ)	
ㅗ)		ㅛ)	
ㅜ)		ㅠ)	
ㅡ)		ㅣ)	

대문자	소문자	대문자	소문자
ㅐ)		ㅒ)	
ㄴㅂㅓㅕㅐ		ㄴㅂㅓㅕㅒ	
ㅔ)		ㅖ)	
ㅣㅗㅓㅏㅓㅣ		ㅣㅗㅓㅓㅓㅣ	
과)		괘)	
ㅡㅗㅗㅗㅘㅘㅘ		ㅡㅗㅗㅗㅘㅙㅙ	
괴)		궈)	
ㅡㅗㅗㅚ		ㅡㅜㅜㅝ	
궤)		귀)	
ㅡㅜㅜㅝㅟㅟㅞ		ㅡㅜㅜㅟ	
ㅢ)			
ㅡㅡㅢㅢ			

옛 글자

대문자	소문자
ㅿ)	ㅿ)
∠ △ ⩓	∠ △ ⩓
·)	·)
⌒ ⊃ ∂	(○ φ
ㆁ)	ㆁ)
ʹ (ㆁ	ʹ (ㆁ
ㆆ)	ㆆ)
- ⌣ ㆆ	- ⌣ ㆆ

1획한글체 쓰기

ㄱㄱ						
ㄱㄱ						
ㄴㄴ						
ㄴㄴ						
ㄴㄹ						
ㄹㄹ						
ㄹㄹ						
ㅁㅁ						
ㅁ						

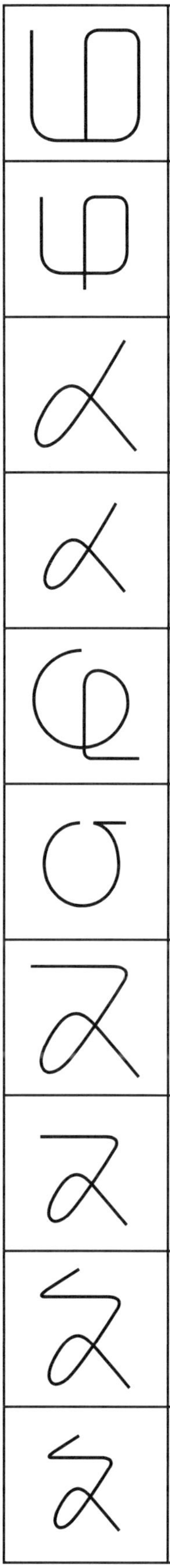

ㅋ				
ㅋ ㅋ				
ㅌ				
ㅌ ㅌ				
ㅌ ㅌ				
ㅌ ㅌ				
ㅍ				
ㅍ				
ㄲ				
ㄲ				

낙					
낙					
낭					
낭					
느					
느					
냥					
냥					
늘					
늘					

벼	
벼	
ㅏ	
ㅏ	
ㅑ	
ㅑ	
ㅓ	
ㅓ	
ㅕ	
ㅕ	

ㅇ	
ㅇ	
ㅇㅇ	
ㅇㅇ	
우	
우	
ㅠ	
ㅠ	
ㄴ	
ㅡ	

ㅣ					
ㅡ					
ㅐ					
ㅒ					
ㅔ					
ㅖ					

아					
야					
쌔					
쌔					
시					
이					
영					
영					
예					
예					

허					
혀					
느					
그					

<자기 이름 한글 사인 만들기>

아래 이름을 써보고 빈칸에 자기 이름도 써보자.

한글 사인으로 활용할 수 있을 것이다.

홍 길 동

임 꺽 정

박 문 수

성공

보람

명예

만족

기쁨

균형

조화

친구

선생

배움

우리

행복	행복	행복	행복	행복
축하	축하	축하	축하	축하
밝음	밝음	밝음	밝음	밝음
칭찬	칭찬	칭찬	칭찬	칭찬
건강	건강	건강	건강	건강
풍성	풍성	풍성	풍성	풍성
존경	존경	존경	존경	존경
낙관	낙관	낙관	낙관	낙관
성실	성실	성실	성실	성실
노력	노력	노력	노력	노력
상쾌	상쾌	상쾌	상쾌	상쾌

감동	감동	감동	감동	감동
광명	광명	광명	광명	광명
중앙	중앙	중앙	중앙	중앙
성장	성장	성장	성장	성장
희망	희망	희망	희망	희망
다정	다정	다정	다정	다정
공감	공감	공감	공감	공감
통섭	통섭	통섭	통섭	통섭
은혜	은혜	은혜	은혜	은혜
단정	단정	단정	단정	단정
영광	영광	영광	영광	영광

감동 감동 감동

광명 광명 광명

중앙 중앙 중앙

성장 성장 성장

희망 희망 희망

가정 가정 가정

공감 공감 공감

통섭 통섭 통섭

은혜 은혜 은혜

감정 감정 감정

영광 영광 영광

번영	번영	번영	번영	번영
발전	발전	발전	발전	발전
진취	진취	진취	진취	진취
일심	일심	일심	일심	일심
인내	인내	인내	인내	인내
정성	정성	정성	정성	정성
지식	지식	지식	지식	지식
경험	경험	경험	경험	경험
담대	담대	담대	담대	담대
열정	열정	열정	열정	열정
윤택	윤택	윤택	윤택	윤택

변영 변영 변영

발전 발전 발전

전화 전화 전화

일심 일심 일심

안내 안내 안내

정성 정성 정성

지식 지식 지식

경영 경영 경영

갈래 갈래 갈래

열정 열정 열정

윤택 윤택 윤택

적극	적극	적극	적극	적극
집념	집념	집념	집념	집념
연구	연구	연구	연구	연구
개발	개발	개발	개발	개발
창조	창조	창조	창조	창조
만족	만족	만족	만족	만족
자긍	자긍	자긍	자긍	자긍
열심	열심	열심	열심	열심
함께	함께	함께	함께	함께
날씨	날씨	날씨	날씨	날씨
물때	물때	물때	물때	물때

적수	적수	적수
집념	집념	집념
연수	연수	연수
겉말	겉말	겉말
창조	창조	창조
만족	만족	만족
자승	자승	자승
열심	열심	열심
함께	함께	함께
날씨	날씨	날씨
물때	물때	물때

찬 란	찬란	찬란	찬란	찬란
젊 음	젊음	젊음	젊음	젊음
강 변	강변	강변	강변	강변
종 합	종합	종합	종합	종합
마 당	마당	마당	마당	마당
하 루	하루	하루	하루	하루
샘 물	샘물	샘물	샘물	샘물
파 도	파도	파도	파도	파도
공 원	공원	공원	공원	공원
역 량	역량	역량	역량	역량
헌 신	헌신	헌신	헌신	헌신

향상				
하늘				
초원				
햇빛				
산정				
온순				
배려				
예절				
협동				
단결				
정확				

향상 향상 향상

하늘 하늘 하늘

초월 초월 초월

햇빛 햇빛 햇빛

산정 산정 산정

온순 온순 온순

매력 매력 매력

예절 예절 예절

영웅 영웅 영웅

간결 간결 간결

정확 정확 정확

진리와 자연은 시대

에 뒤지는 법이 없다.

진리와 자연은 시래

진리와 자연은 시래

예 뤼지는 법이 없다.

예 뤼지는 법이 없다.

고독 없이는 아무 것

도 달성할 수 없다.

고통 없이는 아무것
고통 없이는 아무것

도 갈성할 수 없다.
도 갈성할 수 없다.

인내는 성공을 얻는

최상의 방법이다.

인내는 성공을 얻는

인내는 성공을 얻는

최상의 방법이라.

최상의 방법이라.

친절한 모습에는 버릴

친절한 모습에는 버릴

친절한 모습에는 버릴

친절한 모습에는 버릴

것이 하나도 없다.

것이 하나도 없다.

것이 하나도 없다.

것이 하나도 없다.

친절한 모습에는 머릴

친절한 모습에는 머릴

결이 하나도 없다.

결이 하나도 없다.

현명한 사람은 기회

를 행운으로 바꾼다.

현명한 사람은 기회
현명한 사람은 기회

를 행운으로 마꾼다.
를 행운으로 마꾼다.

새로운 사업은 처음

엔 불가능해 보인다.

새로운 사업은 처음

새로운 사업은 처음

엔 불가능해 보인다.

엔 불가능해 보인다.

하루를 살아가더라도 우리는

하루를 살아가더라도 우리는

하루를 살아가더라도 우리는

하루를 살아가더라도 우리는

눈에 안 보이는 수많은 사람들의

눈에 안 보이는 수많은 사람들의

눈에 안 보이는 수많은 사람들의

눈에 안 보이는 수많은 사람들의

은혜를 입고 산다.

은혜를 입고 산다.

은혜를 입고 산다.

은혜를 입고 산다.

하루를 살아가더라도 우리는

하루를 살아가더라도 우리는

눈에 안 보이는 수많은 사람들의

눈에 안 보이는 수많은 사람들의

은혜를 입고 산다.

은혜를 입고 산다.

링컨은 나이 사십이 되면

자기 얼굴에 책임을 져야

한다고 말했다.

링컨은 나의 사심이 되면
링컨은 나의 사심이 되면

자기 얼굴에 책임을 져야
자기 얼굴에 책임을 져야

한다고 말했다.
한다고 말했다.

관상은 그 사람이 혼자 있을 때

관상은 그 사람이 혼자 있을 때

관상은 그 사람이 혼자 있을 때

관상은 그 사람이 혼자 있을 때

주로 무슨 생각을 많이 하느냐

주로 무슨 생각을 많이 하느냐

주로 무슨 생각을 많이 하느냐

주로 무슨 생각을 많이 하느냐

에 따라 변하는 경향이 있다.

에 따라 변하는 경향이 있다.

에 따라 변하는 경향이 있다.

에 따라 변하는 경향이 있다.

관상은 그 사람이 혼자 있을 때
관상은 그 사람이 혼자 있을 때

주로 무슨 생각을 많이 하느냐
주로 무슨 생각을 많이 하느냐

에 따라 변하는 경향이 있다.
에 따라 변하는 경향이 있다.

친절한 모습에는 버릴 것이

하나도 없다.

그 사람의 머리부터 발끝까지

친절한 모습에는 머릴 것이
친절한 모습에는 머릴 것이

하나도 없다.
하나도 없다.

그 사람의 머리부터 발끝까지
그 사람의 머리부터 발끝까지

온몸에서 뿜어져 나오는 기운이

온몸에서 뿜어져 나오는 기운이

온몸에서 뿜어져 나오는 기운이

온몸에서 뿜어져 나오는 기운이

어찌 그리 아름다운지요.

어찌 그리 아름다운지요.

어찌 그리 아름다운지요.

어찌 그리 아름다운지요.

참으로 꽃이 아름다운가

참으로 꽃이 아름다운가

참으로 꽃이 아름다운가

참으로 꽃이 아름다운가

온몸에서 뿜어져 나오는 기운이

온몸에서 뿜어져 나오는 기운이

어찌 그리 아름다운지요.

어찌 그리 아름다운지요.

참으로 꽃이 아름다운가

참으로 꽃이 아름다운가

정녕 그 꽃을 바라보는

정녕 그 꽃을 바라보는

정녕 그 꽃을 바라보는

정녕 그 꽃을 바라보는

내 마음이 아름다운 것인가

내 마음이 아름다운 것인가

내 마음이 아름다운 것인가

내 마음이 아름다운 것인가

운명의 별은 그대 가슴속에

운명의 별은 그대 가슴속에

운명의 별은 그대 가슴속에

운명의 별은 그대 가슴속에

정녕 그 꽃을 바라보는

정녕 그 꽃을 바라보는

내 마음이 아름다운 것인가

내 마음이 아름다운 것인가

운명의 별은 그래 가슴속에

운명의 별은 그래 가슴속에

바다는 높은 산을 부러워하지 않고

바다는 높은 산을 부러워하지 않고

바다는 높은 산을 부러워하지 않고

바다는 높은 산을 부러워하지 않고

높은 산은 바다를 업신여기지 않는다.

높은 산은 바다를 업신여기지 않는다.

높은 산은 바다를 업신여기지 않는다.

높은 산은 바다를 업신여기지 않는다.

왜냐하면 서로 연이어져 있기 때문이다.

왜냐하면 서로 연이어져 있기 때문이다.

왜냐하면 서로 연이어져 있기 때문이다.

왜냐하면 서로 연이어져 있기 때문이다.

바다는 높은 산을 부러워하지 않고
바다는 높은 산을 부러워하지 않고

높은 산은 바다를 업신여기지 않는다.
높은 산은 바다를 업신여기지 않는다.

왜냐하면 서로 연이어져 있기 때문이다.
왜냐하면 서로 연이어져 있기 때문이다.

인생에서 가장 중요한 날은

태어난 날과 태어난 이유를

이해하게 되는 날이다.

인생에서 가장 중요한 날은

인생에서 가장 중요한 날은

태어난 날과 태어난 이유를

태어난 날과 태어난 이유를

이해하게 되는 날이라.

이해하게 되는 날이라.

새로 스물여덟자를 만드니 사람마다 쉽게 익혀
늘 씀에 편케하고자 함이라.

새로 스물여덟자를 만드니 사람마다 쉽게 익혀
늘 씀에 편케하고자 함이라.

새로 스물여덟자를 만드니 사람마다 쉽게 익혀
늘 씀에 편케하고자 함이라.

새로 스물여덟자를 만드니 사람마다 쉽게 익혀
늘 씀에 편케하고자 함이라.

새로 스물여덟자를 만드니 사람마다 쉽게 익혀 늘 씀에 편케하고자 함이라.

새로 스물여덟자를 만드니 사람마다 쉽게 익혀 늘 씀에 편케하고자 함이라.

심재가 있는 나무는 세찬 바람을 견뎌내고 심지가
굳은 사람은 흔들리지 않는다.

심재가 있는 나무는 세찬 바람을 견뎌내고 심지가
굳은 사람은 흔들리지 않는다.

심재가 있는 나무는 세찬 바람을 견뎌내고 심지가
굳은 사람은 흔들리지 않는다.

심재가 있는 나무는 세찬 바람을 견뎌내고 심지가
굳은 사람은 흔들리지 않는다.

상재가 읎는 나무는 세찬 바람을 견뎌내고 의지가 굳은 사람은 흔들리지 않는다.

상재가 있는 나무는 세찬 바람을 견뎌내고 의지가 굳은 사람은 흔들리지 않는다.

동창이 밝았느냐 노고지리 지저귄다
소를 칠 아이는 여태 아니 일어났느냐.

동창이 밝았느냐 노고지리 지저귄다
소를 칠 아이는 여태 아니 일어났느냐.

동창이 밝았느냐 노고지리 지저귄다
소를 칠 아이는 여태 아니 일어났느냐.

동창이 밝았느냐 노고지리 지저귄다
소를 칠 아이는 여태 아니 일어났느냐.

동창이 밝았느냐 노고지리 지저귄다
소를 칠 아이는 여태 아니 일어났느냐.

동창이 밝았느냐 노고지리 지저귄다
소를 칠 아이는 여태 아니 일어났느냐.

고개 넘어 사래 긴 밭을 언제 갈려 하느냐
작가 남구만

고개 넘어 사래 긴 밭을 언제 갈려 하느냐
작가 남구만

고개 넘어 사래 긴 밭을 언제 갈려 하느냐
작가 남구만

고개 넘어 사래 긴 밭을 언제 갈려 하느냐
작가 남구만

고개 넘어 사래 긴 밭을 언제 갈려 하느냐
작가 남구만

고개 넘어 사래 긴 밭을 언제 갈려 하느냐
작가 남구만

작품의 의미는 이를 해석하는 독자의 주관적인 감상에 의해 꽃을 피우게 된다.

작품의 의미는 이를 해석하는 독자의 주관적인 감상에 의해 꽃을 피우게 된다.

작품의 의미는 이를 해석하는 독자의 주관적인 감상에 의해 꽃을 피우게 된다.

작품의 의미는 이를 해석하는 독자의 주관적인 감상에 의해 꽃을 피우게 된다.

작품의 의미는 이를 해석하는 독자의 주관적인 감상에 의해 꽃을 피우게 된다.

작품의 의미는 이를 해석하는 독자의 주관적인 감상에 의해 꽃을 피우게 된다.

인생의 가치는 노력이고 노력의 극치는 성취이며
성취의 보상은 기쁨이다.

인생의 가치는 노력이고 노력의 극치는 성취이며
성취의 보상은 기쁨이다.

인생의 가치는 노력이고 노력의 극치는 성취이며
성취의 보상은 기쁨이다.

인생의 가치는 노력이고 노력의 극치는 성취이며
성취의 보상은 기쁨이다.

인생의 가치는 노력이고 노력의 극치는 성취이며
성취의 보상은 기쁨이라.

인생의 가치는 노력이고 노력의 극치는 성취이며
성취의 보상은 기쁨이라.

아는 것만큼 보이고 보이는 것만큼 스트레스를 받지않게 된다.

아는 것만큼 보이고 보이는 것만큼 스트레스를 받지않게 된다.

아는 것만큼 보이고 보이는 것만큼 스트레스를 받지않게 된다.

아는 것만큼 보이고 보이는 것만큼 스트레스를 받지않게 된다.

아는 것만큼 보이고 보이는 것만큼 스트레스를
받지않게 된다.

아는 것만큼 보이고 보이는 것만큼 스트레스를
받지않게 된다.

나는 많은 사람들의 은혜를 받고 또한 영향을
주고 받으며 살아가고 있다.

나는 많은 사람들의 은혜를 받고 또한 영향을
주고 받으며 살아가고 있다.

나는 많은 사람들의 은혜를 받고 또한 영향을
주고 받으며 살아가고 있다.

나는 많은 사람들의 은혜를 받고 또한 영향을
주고 받으며 살아가고 있다.

나는 많은 사람들의 은혜를 받고 또한 영향을
주고 받으며 살아가고 있다.

나는 많은 사람들의 은혜를 받고 또한 영향을
주고 받으며 살아가고 있다.

지금 내가 입고 있는 이 옷도 돈을 주고 샀지만
무인도에 산다면 꿈도 꿀 수 없다.

지금 내가 입고 있는 이 옷도 돈을 주고 샀지만
무인도에 산다면 꿈도 꿀 수 없다.

지금 내가 입고 있는 이 옷도 돈을 주고 샀지만
무인도에 산다면 꿈도 꿀 수 없다.

지금 내가 입고 있는 이 옷도 돈을 주고 샀지만
무인도에 산다면 꿈도 꿀 수 없다.

지금 내가 입고 있는 이웃도 돈을 주고 샀지만
무인도에 산라면 꿈도 꿀 수 없다.

지금 내가 입고 있는 이웃도 돈을 주고 샀지만
무인도에 산라면 꿈도 꿀 수 없다.

남의 험담을 하는 자는 경망스럽고 이것을 엿듣고 전하는 자는 간사하다.

남의 험담을 하는 자는 경망스럽고 이것을 엿듣고 전하는 자는 간사하다.

남의 험담을 하는 자는 경망스럽고 이것을 엿듣고 전하는 자는 간사하다.

남의 험담을 하는 자는 경망스럽고 이것을 엿듣고 전하는 자는 간사하다.

남의 험담을 하는 자는 경망스럽고 이것을 엿듣고
전하는 자는 간사하라.

남의 험담을 하는 자는 경망스럽고 이것을 엿듣고
전하는 자는 간사하라.

태어나서 한 번도 봤던 적이 없는 것으로 생각할 수 있을 때 새로운 세계가 열린다.

태어나서 한 번도 봤던 적이 없는 것으로 생각할 수 있을 때 새로운 세계가 열린다.

태어나서 한 번도 봤던 적이 없는 것으로 생각할 수 있을 때 새로운 세계가 열린다.

태어나서 한 번도 봤던 적이 없는 것으로 생각할 수 있을 때 새로운 세계가 열린다.

태어나서 한 번도 발견 적이 없는 것으로 생각할 수 있을 때 새로운 세계가 열린다.

태어나서 한 번도 발견 적이 없는 것으로 생각할 수 있을 때 새로운 세계가 열린다.

알프스산봉우리처럼 지극히 높은 존재
위에는 구름과 같은 인간이 있다.

알프스산봉우리처럼 지극히 높은 존재
위에는 구름과 같은 인간이 있다.

알프스산봉우리처럼 지극히 높은 존재
위에는 구름과 같은 인간이 있다.

알프스산봉우리처럼 지극히 높은 존재
위에는 구름과 같은 인간이 있다.

알프스산봉우리처럼 지극이 높은 존재
위에는 구름과 같은 인간이 있다.

알프스산봉우리처럼 지극이 높은 존재
위에는 구름과 같은 인간이 있다.

강강술래 강강술래 전라도 우수영은 강강술래
강강술래 우리대첩지라 강강술래

강강술래 강강술래 전라도 우수영은 강강술래
강강술래 우리대첩지라 강강술래

강강술래 강강술래 전라도 우수영은 강강술래
강강술래 우리대첩지라 강강술래

강강술래 강강술래 전라도 우수영은 강강술래
강강술래 우리대첩지라 강강술래

강강술래 강강술래 전라도 우수영은 강강술래
강강술래 우리래첩지라 강강술래

강강술래 강강술래 전라도 우수영은 강강술래
강강술래 우리래첩지라 강강술래

배우고 때로 익히면 또한 기쁘지 아니한가 벗이 있어 먼곳으로부터 오면 또한 즐겁지 아니한가.

배우고 때로 익히면 또한 기쁘지 아니한가 벗이 있어 먼곳으로부터 오면 또한 즐겁지 아니한가.

배우고 때로 익히면 또한 기쁘지 아니한가 벗이 있어 먼곳으로부터 오면 또한 즐겁지 아니한가.

배우고 때로 익히면 또한 기쁘지 아니한가 벗이 있어 먼곳으로부터 오면 또한 즐겁지 아니한가.

배우고 때로 익히면 또한 기쁘지 아니한가 벗이 있어
먼곳으로부터 오면 또한 즐겁지 아니한가.

배우고 때로 익히면 또한 기쁘지 아니한가 벗이 있어
먼곳으로부터 오면 또한 즐겁지 아니한가.

인간의 인지능력인 지능에 대하여 최근 발표된
노력지능이론이나 실용지능이론에

인간의 인지능력인 지능에 대하여 최근 발표된
노력지능이론이나 실용지능이론에

인간의 인지능력인 지능에 대하여 최근 발표된
노력지능이론이나 실용지능이론에

인간의 인지능력인 지능에 대하여 최근 발표된
노력지능이론이나 실용지능이론에

인간의 인지능력인 지능에 대하여 최근 발표된
노력지능이론이나 실용지능이론에

인간의 인지능력인 지능에 대하여 최근 발표된
노력지능이론이나 실용지능이론에

따르면 나이가 들수록 이러한 지능은 더욱 정교화되고 발달된다고 한다.

따르면 나이가 들수록 이러한 지능은 더욱 정교화되고 발달된다고 한다.

따르면 나이가 들수록 이러한 지능은 더욱 정교화되고 발달된다고 한다.

따르면 나이가 들수록 이러한 지능은 더욱 정교화되고 발달된다고 한다.

따르면 나이가 들수록 이러한 지능은 더욱
정교화되고 발달된다고 한다.

따르면 나이가 들수록 이러한 지능은 더욱
정교화되고 발달된다고 한다.

몸과 마음은 하나라는데 밥을 먹을 때는 입으로
들어가면 항문으로 나오는데 마음

몸과 마음은 하나라는데 밥을 먹을 때는 입으로
들어가면 항문으로 나오는데 마음

몸과 마음은 하나라는데 밥을 먹을 때는 입으로
들어가면 항문으로 나오는데 마음

몸과 마음은 하나라는데 밥을 먹을 때는 입으로
들어가면 항문으로 나오는데 마음

몸과 마음은 하나라는데 밥을 먹을 때는 입으로
들어가면 항문으로 나오는데 마음

몸과 마음은 하나라는데 밥을 먹을 때는 입으로
들어가면 항문으로 나오는데 마음

은 어디로 들어가서 어디로 나오는지 가부좌로 앉아서 명상하면 알 수 있을까

은 어디로 들어가서 어디로 나오는지 가부좌로 앉아서 명상하면 알 수 있을까

은 어디로 들어가서 어디로 나오는지 가부좌로 앉아서 명상하면 알 수 있을까

은 어디로 들어가서 어디로 나오는지 가부좌로 앉아서 명상하면 알 수 있을까

은 어디로 들어가서 어디로 나오는지 가부좌도 않아서 명상하면 알 수 있을까

은 어디로 들어가서 어디로 나오는지 가부좌도 않아서 명상하면 알 수 있을까

본질적으로 물질계는 절망을 허용하지 않는 속성을 갖고 있다. 그렇지 않다면

본질적으로 물질계는 절망을 허용하지 않는 속성을 갖고 있다. 그렇지 않다면

본질적으로 물질계는 절망을 허용하지 않는 속성을 갖고 있다. 그렇지 않다면

본질적으로 물질계는 절망을 허용하지 않는 속성을 갖고 있다. 그렇지 않다면

본질적으로 물질계는 절망을 허용하지 않는
속성을 갖고 있다. 그렇지 않다면

본질적으로 물질계는 절망을 허용하지 않는
속성을 갖고 있다. 그렇지 않다면

유사이래 숱하게 등장했던 사람들의 성공 신화도 존재하지 않았을 것이다.

유사이래 숱하게 등장했던 사람들의 성공 신화도 존재하지 않았을 것이다.

유사이래 숱하게 등장했던 사람들의 성공 신화도 존재하지 않았을 것이다.

유사이래 숱하게 등장했던 사람들의 성공 신화도 존재하지 않았을 것이다.

유사이래 숱하게 등장했던 사람들의 성공
신화도 존재하지 않았을 것이다.

유사이래 숱하게 등장했던 사람들의 성공
신화도 존재하지 않았을 것이다.

하늘의 무지개를 볼 때마다 내 가슴은
설레느니 나 어린 시절에 그러했고

하늘의 무지개를 볼 때마다 내 가슴은
설레느니 나 어린 시절에 그러했고

하늘의 무지개를 볼 때마다 내 가슴은
설레느니 나 어린 시절에 그러했고

하늘의 무지개를 볼 때마다 내 가슴은
설레느니 나 어린 시절에 그러했고

하늘의 무지개를 볼 때마다 내 가슴은
설레느니 나 어린 시절에 그러했고

하늘의 무지개를 볼 때마다 내 가슴은
설레느니 나 어린 시절에 그러했고

하늘에만 무지개가 있는 게 아니라 땅 속에도 무지개가 있는 것 같습니다.

하늘에만 무지개가 있는게 아니라 땅 속에도 무지개가 있는 것 같습니다.

하늘에만 무지개가 있는게 아니라 땅 속에도 무지개가 있는 것 같습니다.

하늘에만 무지개가 있는게 아니라 땅 속에도 무지개가 있는 것 같습니다.

하늘에만 무지개가 있는게 아니라 땅 속에도
무지개가 있는 것 같습니다.

하늘에만 무지개가 있는게 아니라 땅 속에도
무지개가 있는 것 같습니다.

그렇지 않다면 어찌 저리 형형색색의 꽃들이
철마다 피어오를 수 있겠습니까.

그렇지 않다면 어찌 저리 형형색색의 꽃들이
철마다 피어오를 수 있겠습니까.

그렇지 않다면 어찌 저리 형형색색의 꽃들이
철마다 피어오를 수 있겠습니까.

그렇지 않다면 어찌 저리 형형색색의 꽃들이
철마다 피어오를 수 있겠습니까.

그렇지 않다면 어찌 저리 형형색색의 꽃들이
철마다 피어오를 수 있겠습니까.

그렇지 않다면 어찌 저리 형형색색의 꽃들이
철마다 피어오를 수 있겠습니까.

조화와 균형의 아름다움을 상징적으로
보여주는 것은 무지개가 아닐런지요.

조화와 균형의 아름다움을 상징적으로
보여주는 것은 무지개가 아닐런지요.

조화와 균형의 아름다움을 상징적으로
보여주는 것은 무지개가 아닐런지요.

조화와 균형의 아름다움을 상징적으로
보여주는 것은 무지개가 아닐런지요.

조화와 균형의 아름다움을 상징적으로
보여주는 것은 무지개가 아닐런지요.

조화와 균형의 아름다움을 상징적으로
보여주는 것은 무지개가 아닐런지요.

보람찬 인생이 되게 하는 핵심요소는 자아성찰과 주위와 좋은 관계를 갖는 것이다.

보람찬 인생이 되게 하는 핵심요소는 자아성찰과 주위와 좋은 관계를 갖는 것이다.

보람찬 인생이 되게 하는 핵심요소는 자아성찰과 주위와 좋은 관계를 갖는 것이다.

보람찬 인생이 되게 하는 핵심요소는 자아성찰과 주위와 좋은 관계를 갖는 것이다.

보람찬 인생이 되게 하는 핵심요소는 자아성찰과
주위와 좋은 관계를 갖는 것이다.

보람찬 인생이 되게 하는 핵심요소는 자아성찰과
주위와 좋은 관계를 갖는 것이다.

합목적성 사업은 끈질기게 지속해야 한다.
왜냐하면 목적이 뚜렷하기 때문이다.

합목적성 사업은 끈질기게 지속해야 한다.
왜냐하면 목적이 뚜렷하기 때문이다.

합목적성 사업은 끈질기게 지속해야 한다.
왜냐하면 목적이 뚜렷하기 때문이다.

합목적성 사업은 끈질기게 지속해야 한다.
왜냐하면 목적이 뚜렷하기 때문이다.

함목적성 사업은 끈질기게 지속해야 한다.
왜냐하면 목적이 뚜렷하기 때문이다.

함목적성 사업은 끈질기게 지속해야 한다.
왜냐하면 목적이 뚜렷하기 때문이다.

건망증이 생기는 이유는 문을 잠그거나 가스불을 끌 때 주의가 산만하여 딴 생각

건망증이 생기는 이유는 문을 잠그거나 가스불을 끌 때 주의가 산만하여 딴 생각

건망증이 생기는 이유는 문을 잠그거나 가스불을 끌 때 주의가 산만하여 딴 생각

건망증이 생기는 이유는 문을 잠그거나 가스불을 끌 때 주의가 산만하여 딴 생각

결망증이 생기는 이유는 문을 잠그거나 가스불을
끌 때 주의가 산만하여 딴 생각

결망증이 생기는 이유는 문을 잠그거나 가스불을
끌 때 주의가 산만하여 딴 생각

을 하면서 손동작을 하기 때문에 자신이 했던 동작을 잊어버렸기 때문이다.

을 하면서 손동작을 하기 때문에 자신이 했던 동작을 잊어버렸기 때문이다.

을 하면서 손동작을 하기 때문에 자신이 했던 동작을 잊어버렸기 때문이다.

을 하면서 손동작을 하기 때문에 자신이 했던 동작을 잊어버렸기 때문이다.

을 하면서 손동작을 하기 때문에 자신이 했던 동작을 잊어버렸기 때문이다.

을 하면서 손동작을 하기 때문에 자신이 했던 동작을 잊어버렸기 때문이다.

공부에는 왕도가 없다. 어떤 공부든 머리 속에
들어올 때까지 직접 손으로 필기하

공부에는 왕도가 없다. 어떤 공부든 머리속에
들어올 때까지 직접 손으로 필기하

공부에는 왕도가 없다. 어떤 공부든 머리속에
들어올 때까지 직접 손으로 필기하

공부에는 왕도가 없다. 어떤 공부든 머리속에
들어올 때까지 직접 손으로 필기하

공부에는 왕도가 없다. 어떤 공부든 머리속에
들어올 때까지 적점 손으로 필기야

공부에는 왕도가 없다. 어떤 공부든 머리속에
들어올 때까지 적점 손으로 필기야

면서 공부해야 기억에 오래 남게 된다.
왜냐하면 두뇌는 손과 가장 많이 연결되어

면서 공부해야 기억에 오래 남게 된다.
왜냐하면 두뇌는 손과 가장 많이 연결되어

면서 공부해야 기억에 오래 남게 된다.
왜냐하면 두뇌는 손과 가장 많이 연결되어

면서 공부해야 기억에 오래 남게 된다.
왜냐하면 두뇌는 손과 가장 많이 연결되어

면서 공부해야 기억에 오래 남게 된다.
왜냐하면 쿰뇌는 손과 가장 많이 연결되어

면서 공부해야 기억에 오래 남게 된다.
왜냐하면 쿰뇌는 손과 가장 많이 연결되어

있기 때문이다. 그래서 외출할 때 문을 잠그거나 가스불을 끌 때 손 동작을 유심히

있기 때문이다. 그래서 외출할 때 문을 잠그거나 가스불을 끌 때 손 동작을 유심히

있기 때문이다. 그래서 외출할 때 문을 잠그거나 가스불을 끌 때 손 동작을 유심히

있기 때문이다. 그래서 외출할 때 문을 잠그거나 가스불을 끌 때 손 동작을 유심히

있기 때문이다. 그래서 외출할 때 문을 잠그거나
가스불을 끌 때 손 동작을 유심히

있기 때문이다. 그래서 외출할 때 문을 잠그거나
가스불을 끌 때 손 동작을 유심히

보면서 하면 뇌에 잔상이 남아서 기억 할 수 있듯이 손으로 쓰면 오래 남게 된다.

보면서 하면 뇌에 잔상이 남아서 기억 할 수 있듯이 손으로 쓰면 오래 남게 된다.

보면서 하면 뇌에 잔상이 남아서 기억 할 수 있듯이 손으로 쓰면 오래 남게 된다.

보면서 하면 뇌에 잔상이 남아서 기억 할 수 있듯이 손으로 쓰면 오래 남게 된다.

보면서 하면 뇌에 잔상이 남아서 기억 할 수 있음이
손으로 쓰면 오래 남게 된다.

보면서 하면 뇌에 잔상이 남아서 기억 할 수 있음이
손으로 쓰면 오래 남게 된다.

그만큼 손으로 쓰는 필기는 학습능률을 올릴 수 있는 아주 좋은 방법이다.

그만큼 손으로 쓰는 필기는 학습능률을 올릴 수 있는 아주 좋은 방법이다.

그만큼 손으로 쓰는 필기는 학습능률을 올릴 수 있는 아주 좋은 방법이다.

그만큼 손으로 쓰는 필기는 학습능률을 올릴 수 있는 아주 좋은 방법이다.

그만큼 손으로 쓰는 필기는 학습능률을 올릴 수 있는 아주 좋은 방법이다.

그만큼 손으로 쓰는 필기는 학습능률을 올릴 수 있는 아주 좋은 방법이다.

이 세상에 존재하는 대표적인 운동은 3가지가 있다고 물리학에서는 말하고 있다.

이 세상에 존재하는 대표적인 운동은 3가지가 있다고 물리학에서는 말하고 있다.

이 세상에 존재하는 대표적인 운동은 3가지가 있다고 물리학에서는 말하고 있다.

이 세상에 존재하는 대표적인 운동은 3가지가 있다고 물리학에서는 말하고 있다.

이 세상에 존재하는 대표적인 운동은 3가지가
있다고 물리학에서는 말하고 있다.

이 세상에 존재하는 대표적인 운동은 3가지가
있다고 물리학에서는 말하고 있다.

즉 원운동, 낙하운동, 포물선운동을 말한다.
원운동은 방향만 변하는 운동이고 낙하운동은

즉 원운동, 낙하운동, 포물선운동을 말한다.
원운동은 방향만 변하는 운동이고 낙하운동은

즉 원운동, 낙하운동, 포물선운동을 말한다.
원운동은 방향만 변하는 운동이고 낙하운동은

즉 원운동, 낙하운동, 포물선운동을 말한다.
원운동은 방향만 변하는 운동이고 낙하운동은

즉 원운동, 낙하운동, 포물선운동을 말한다.
원운동은 방향만 변하는 운동이고 낙하운동은

즉 원운동, 낙하운동, 포물선운동을 말한다.
원운동은 방향만 변하는 운동이고 낙하운동은

속력만 변하는 운동이다. 그에 반하여 포물선
운동은 속도와 방향이 동시에 변하는

속력만 변하는 운동이다. 그에 반하여 포물선
운동은 속도와 방향이 동시에 변하는

속력만 변하는 운동이다. 그에 반하여 포물선
운동은 속도와 방향이 동시에 변하는

운동을 말한다. 이러한 운동은 현상계에서만 일어나는 운동이 아니다. 우리의

운동을 말한다. 이러한 운동은 현상계에서만
일어나는 운동이 아니다. 우리의

운동을 말한다. 이러한 운동은 현상계에서만
일어나는 운동이 아니다. 우리의

핏속 모세혈관 내의 아주 작은 미시세계인
세포 안에서도 일어나는 운동이다.

핏속 모세혈관 내의 아주 작은 미시세계인
세포 안에서도 일어나는 운동이다.

핏속 모세혈관 내의 아주 작은 미시세계인
세포 안에서도 일어나는 운동이다.

핏속 모세혈관 내의 아주 작은 미시세계인
세포 안에서도 일어나는 운동이다.

잎속 모세혈관 내의 아주 작은 미시세계인
세포 안에서도 일어나는 운동이다.

잎속 모세혈관 내의 아주 작은 미시세계인
세포 안에서도 일어나는 운동이다.

국기에 대한 맹세

나는 자랑스러운 태극기 앞에 자유롭고 정의로운 대한민국의 무궁한 영광을 위하여 충성을 다할 것을 굳게 다짐합니다.

국기에 대한 맹세

나는 자랑스러운 태극기 앞에 자유롭고 정의로운 대한민국의 무궁한 영광을 위하여 충성을 다할 것을 굳게 다짐합니다.

한글은 양자기호

양자역학을 통하여 알 수 있는 바, 보이지 않는다고 존재하지 않는 것은 아니다.
우리에게는 몸과 마음이 있는데, 마음은 보이지 않는다.
그런데 우리는 누구나 마음을 갖고 있다는 것을 느낄 수 있다.

그것은 곧 사람에게 눈으로는 보이지 않지만 느낌으로 알 수 있는 세계도 존재한다는 사실을 증명하는 셈이다.

한글은 양자기호라고 할 수 있다.

왜냐하면 양자는 음양에서 비롯되었고 한글도 음중양, 양중음이라는 음양에서 비롯하여 천지인으로 표현된 파동, 즉 소리기호이기 때문이다.

오늘날 양자역학의 정통이론이자 주류로 자리잡고 있는 코펜하겐 해석을 만든 양자역학의 창시자 닐스 보어는 음양의 원리에서 영감을 얻었다고 한다.
그만큼 음양의 원리에 영향을 받은 바가 컸기 때문에 보어는 자기 집안의 문양에도 음양을 상징하는 태극을 새겨 넣었고 심지어 노벨물리학상 수상식에 가서도 태극 문양의 두루마기를 입고 노벨상을 받았다고 한다.

예로부터 "오행 속에 또 오행이 있다."는 말이 있듯이, 음 속에 양이 있고 양 속에도 음이 있다.

이를 음중양, 양중음이라 표현하며 그것이 곧 천지인 삼재, 삼태극으로 변화하는 단초가 되는 것이다.

이렇게 정의된 천지인을 기본으로 만든 글자로 소리를 낼 때 발성기관의 장애를 받지않고 나오면 홀소리 즉 모음이라 하고 장애를 받으면 닿소리 즉 자음이라고 한다.
그래서 영어처럼 따로 발음기호를 표기할 필요가 없다.
한 마디로 한글은 양자 파동과 같은 소리를 기본으로 하여 창제되었으며 한글의 천지인은 양자역학과 같은 음양에 그 뿌리를 두고 있다.

그러므로 앞으로 도래할 메타버스는 물론 양자혁명시대에 과학이 발달하면 할수록 전세계적으로 광범위하게 쉽게 접근할 수 있고 빠르게 호환하여 효과적으로 사용할 수 있는 과학에 최적화된 문자인, 한글의 필요성이 절실하게 대두될 것이다.

한글은 양자기호

양자역학을 통하여 알 수 있는 바, 보이지 않는다고 존재하지 않는 것은 아니다.
우리에게는 몸과 마음이 있는데, 마음은 보이지 않는다. 그런데 우리는 누구나 마음을 갖고 있다는 것을 느낄 수 있다.

그것은 곧 사람에게 눈으로는 보이지 않지만 느낌으로 알 수 있는 세계도 존재한다는 사실을 증명하는 셈이다.

한글은 양자기호라고 할 수 있다.

왜냐하면 양자는 음양에서 머물되었고 한글도 음중양, 양중음이라는 음양에서 머물하여 천지인으로 표현된 파동, 즉 소리기호이기 때문이다.

오늘날 양자역학의 정통이론이자 주류로 자리잡고 있는 코펜하겐 해석을 만든 양자역학의 창시자 닐스보어는 음양의 원리에서 영감을 얻었다고 한다.

그만큼 음양의 원리에 영향을 받은 바가 컸기때문에 보여는 자기 집안의 문양에도 음양을 상징하는 태극을 새겨 넣었고 심지어 노벨물리학상 수상식에 가서도 태극 문양의 두루마기를 입고 노벨상을 받았다고 한다.

예로부터 "음양 속에 또 음양이 있다."는 말이 있듯이, 음 속에 양이 있고 양속에도 음이 있다.

이를 음중양, 양중음이라 표현하며 그것이 곧 천지인 삼재, 삼태극으로 변화하는 간조가 되는 것이다.

이렇게 정의된 천지인을 기본으로 만든 글자도 소리를 낼때 발성기관의 장애를 받지않고 나오면 홀소리 즉 모

음이라 하고 장애를 받으면 강소리 즉 자음이라고 한다. 그래서 영어처럼 따로 발음 기호를 표기할 필요가 없다. 한마디로 한글은 양자 파동과 같은 소리를 기본으로 하여 창제되었으며 한글의 천지인은 양자역학과 같은 음양에 그 뿌리를 두고 있다.

그러므로 앞으로 도래할 메타버스는 물론 양자혁명시대에 과학이 발달하면 할수록 전세계적으로 광범위하게 쉽게 접근할 수 있고 빠르게 호환하여 효과적으로 사용할 수 있는 과학에 최적화된 문자인, 한글의 필요성이 절실하게 대두될 것이다.

천부경

일시무시일석삼극무진본천일일지일이인
일삼일적십거무궤화삼천이삼지이삼인이
삼대삼합육생칠팔구운삼사성환오칠일묘
연만왕만래용변부동본본심본태양앙명인
중천지일일종무종일

천부경

일시무시일석삼극무진본천일일지일이인
일삼일적십거무궤화삼천이삼지이삼인이
삼대삼합육생칠팔구운삼사성환오칠일묘
연만왕만래용변부동본본심본태양앙명인
중천지일일종무종일

※ 연이어서 쓰는 천부경 천 번 쓰기에 도전해 보기!

한글 1획 필기체 필법의 활용

한글 1획 필기체를 꾸준히 연습하여 숙달이 되면 한글의 초성, 중성, 종성과 각 글자를 연결하는 선을 눈에 보이지 않게 쓸 수 있는 필법을 터득하게 된다.

그만큼 손놀림이 빨라지면 글자를 쉽게 빨리 쓰면서도 아래와 같이 거의 일반 글씨체처럼 쓸 수 있다.

샘이 깊은 물은 가뭄에도 마르지 않으니 흘러서 내가 되어 바다에 이른다.

창업성장지원단 제2021년-08-08호

상 장

최우수상

소속 : 홍익대학교
성명 : 권 호 석

위 사람은 홍익대학교 창업성장지원단에서 개최한 「제2차 지역특화 스마트시티 창업 해커톤 대회」에서 우수한 성적을 거두었으므로 이에 상장을 수여합니다.

2021년 11월 18일

홍익대학교 창업성장지원단장

추 천 서

성 명 : 권 호 석
주 소 : 서울시 강동구 진황도로 31길 15. 2층
생년월일 : 1956년 6월 17일
연 락 처 : 010-4077-9290

    위의 사람은 각고의 노력을 기울여서 세종대왕 훈민정음 창체 이후, 거의 6백년만에 "한글1획필기체(1획한글체)"를 창안하여 그 성과물을 저작권 등록하고 디자인 및 상표를 출원하는 등 사업의 기반을 마련한 혁신적인 기술창업 아이디어를 보유하여, 중소벤처기업부에서 모집하는 "예비창업패키지"에 참여할 적임자로서 추천합니다.

2022년 4월 2일

소속 : 홍익대학교 세종캠퍼스 산학협력단
직위 : 단장
추천인 : 한 정 희 (인)

중소벤처기업부 장관 귀하

추 천 서

성 명 : 권 호 석
주 소 : 서울시 강동구 진황도로 31길 15, 2층
생년월일 : 1956년 6월 17일
연 락 처 : 010-4077-9290

   위의 사람은 각고의 노력을 기울여서 세종대왕 훈민정음 창체 이후, 거의 6백년만에 "한글1획필기체(1획한글체)"를 창안하여 그 성과물을 저작권 등록하고 디자인 및 상표를 출원하는 등 사업의 기반을 마련한 혁신적인 기술창업 아이디어를 보유하여, 중소벤처기업부에서 모집하는 "예비창업패키지"에 참여할 적임자로서 추천합니다.

2022년 4월 2일

소속 : 특허법인 씨엔에스 직위: 파트너 변리사 추천인 : 이성동 (인)

중소벤처기업부 장관 귀하